Impressum
Verlag: BABADADA GmbH, Nedderfeld 112 , 22529 Hamburg
Geschäftsführer / Verlagsleitung: Harald Hof
Druck: Books on Demand GmbH, In de Tarpen 42, 22848 Norderstedt

Imprint
Publisher: BABADADA GmbH, Nedderfeld 112 , 22529 Hamburg, Germany
Managing Director / Publishing direction: Harald Hof
Print: Books on Demand GmbH, In de Tarpen 42, 22848 Norderstedt, Germany

skole

escuela

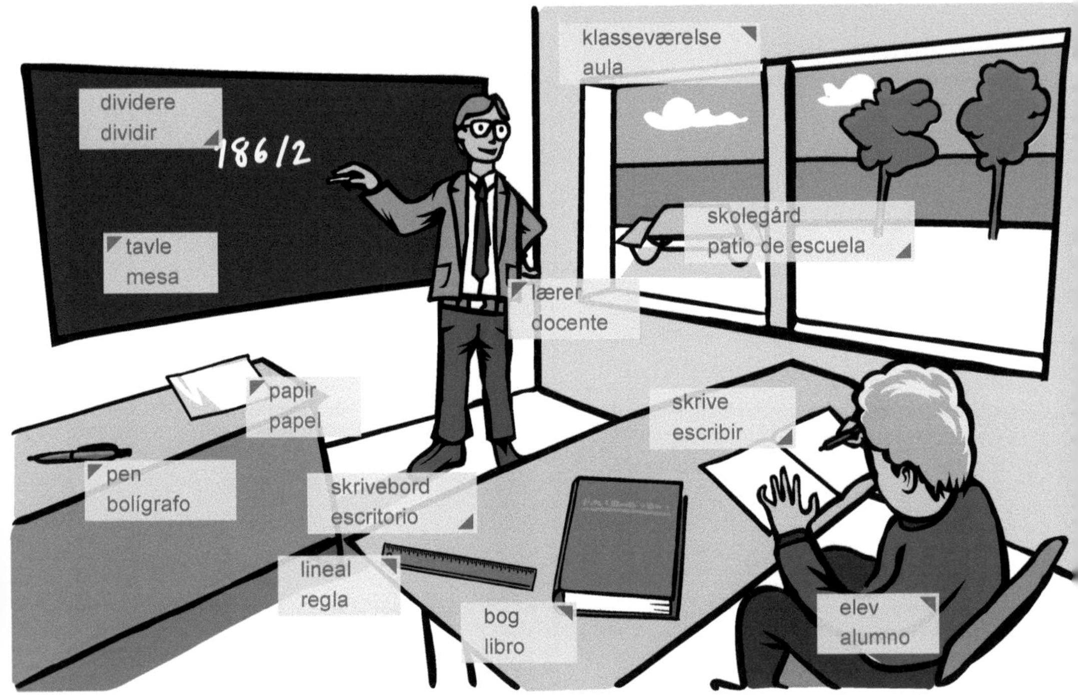
klasseværelse
aula
dividere
dividir
186/2
tavle
mesa
skolegård
patio de escuela
lærer
docente
papir
papel
skrive
escribir
pen
bolígrafo
skrivebord
escritorio
lineal
regla
bog
libro
elev
alumno

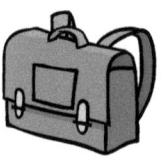

skoletaske

mochila escolar

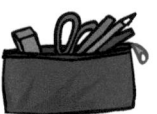

penalhus

caja de lápices

blyant

lápiz

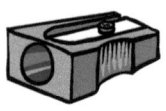

blyantspidser

sacapuntas

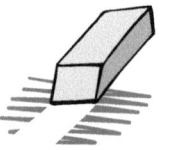

viskelæder

goma de borrar

tegneblok

bloc de dibujo

tegning
dibujo

pensel
pincel

æske med vandfarver
caja de pinturas

saks
tijera

lim
pegamento

opgavehefte
libro de ejercicios

lektie
tarea

tal
número

addere
sumar

subtrahere
restar

multiplicere
multiplicar

regne
calcular

bogstav
letra

alfabet
alfabeto

ord
palabra

tekst

texto

læse

leer

kridt

tiza

time

lección

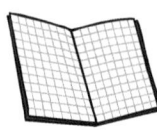

klasseprotokol

libro de clase

eksamen

examen

karakterbog

certificado

skoleuniform

uniforme escolar

uddannelse

educación

leksikon

enciclopedia

universitet

universidad

mikroskop

microscopio

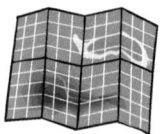

kort

mapa

papirkurv

cesto de papeles

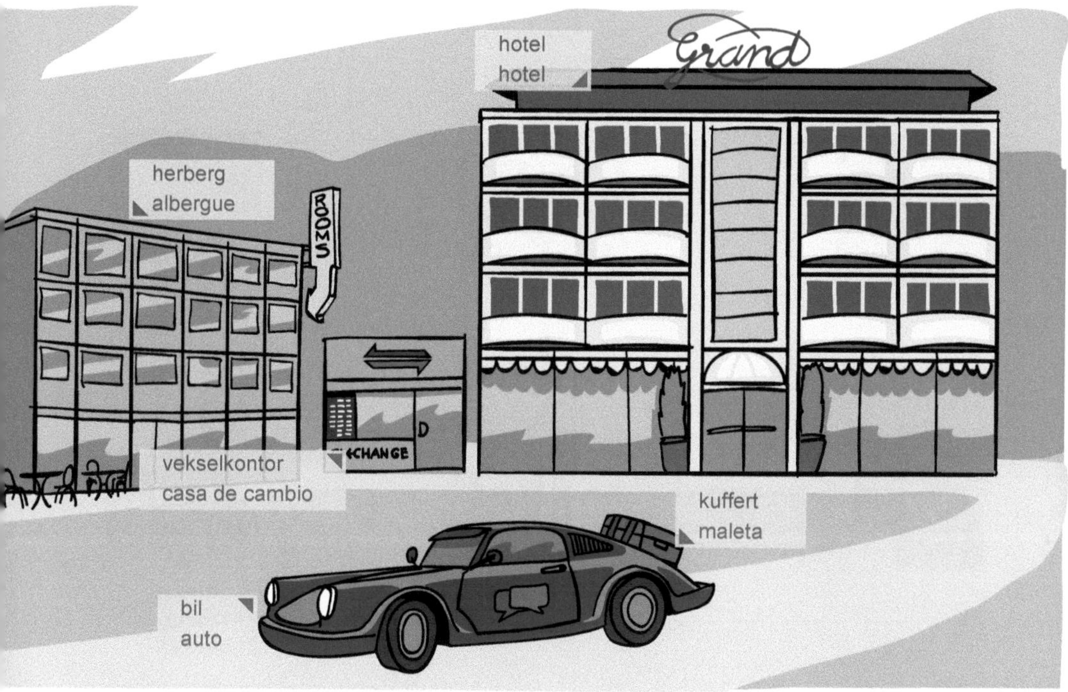
hotel
hotel
Grand
herberg
albergue
ROOMS
vekselkontor
casa de cambio
kuffert
maleta
bil
auto

sprog
idioma

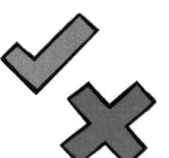

ja / nej
sí / no

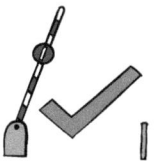

okay
ok

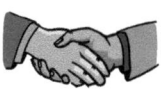

hej
hola

oversætter
intérprete

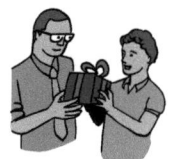

tak
gracias

hvad koster...?

¿Cuánto cuesta...?

Jeg forstår ikke

No entiendo

problem

problema

God aften!

¡Buenas tardes!

God morgen!

¡Buenos días!

God nat!

¡Buenas noches!

farvel

adiós

retning

dirección

bagage

equipaje

taske

bolso

rygsæk

mochila

gæst

invitado

værelse

cuarto

sovepose

saco de dormir

telt

tienda de campaña

rejse - viaje

turistinformation

información al turista

strand

playa

kreditkort

tarjeta de crédito

morgenmad

desayuno

middagsmad

almuerzo

aftensmad

cena

billet

pasaje

elevator

ascensor

frimærke

sello

grænse

límite

told

aduana

ambassade

embajada

visum

visa

pas

pasaporte

transport
transporte

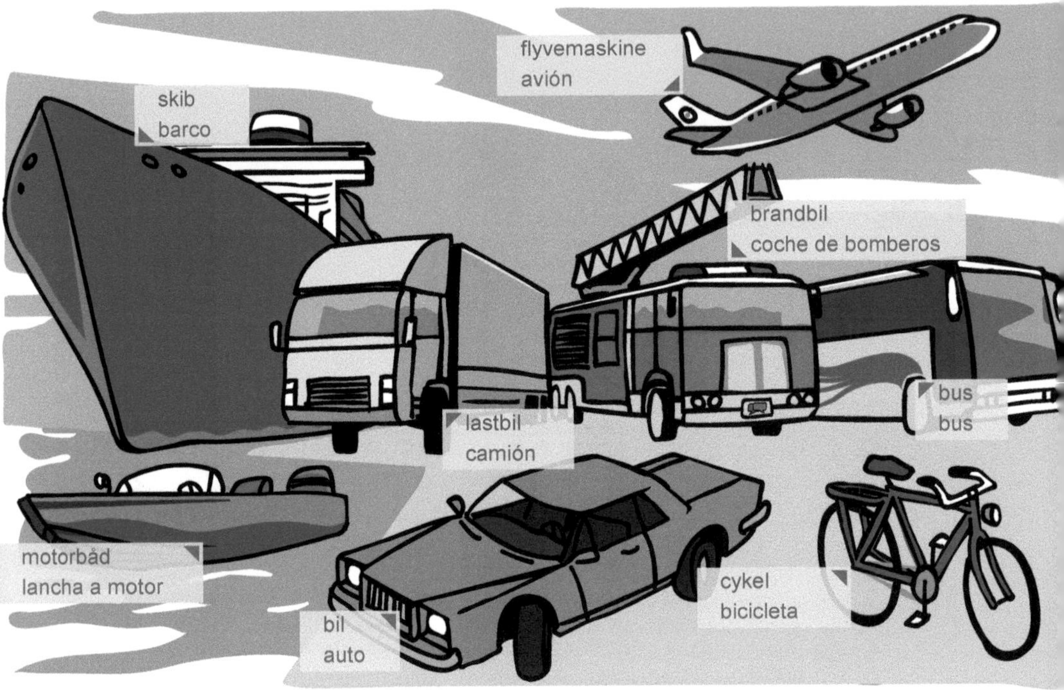
flyvemaskine
avión
skib
barco
brandbil
coche de bomberos
bus
bus
lastbil
camión
motorbåd
lancha a motor
cykel
bicicleta
bil
auto

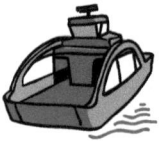

færge

balsa

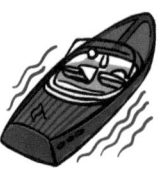

båd

lancha

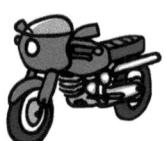

motorcykel

motocicleta

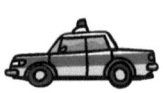

politibil

auto de policía

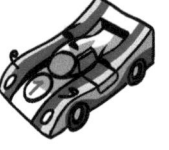

racerbil

auto de carreras

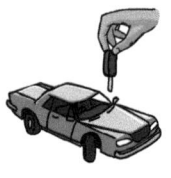

lejebil

auto de alquiler

samkørsel

alquiler de autos

kranbil

grúa

skraldebil

vehículo recolector de basura

motor

motor

benzin

gasolina

tankstation

gasolinera

trafikskilt

señal de tráfico

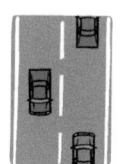

trafik

tránsito

trafikprop

atasco

parkeringsplads

estacionamiento

banegård

estación de tren

skinner

carril

tog

tren

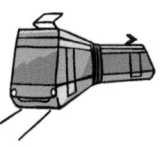

sporvogn

tranvía

wagon

vagón

helikopter

helicóptero

lufthavn

aeropuerto

tårn

torre

passager

pasajero

container

contenedor

karton

caja de cartón

kærre

carro

kurv

cesta

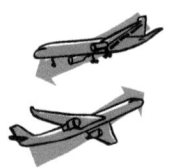

starte / lande

despegar / aterrizar

by
ciudad

landsby

aldea

bymidte

centro de la ciudad

hus

casa

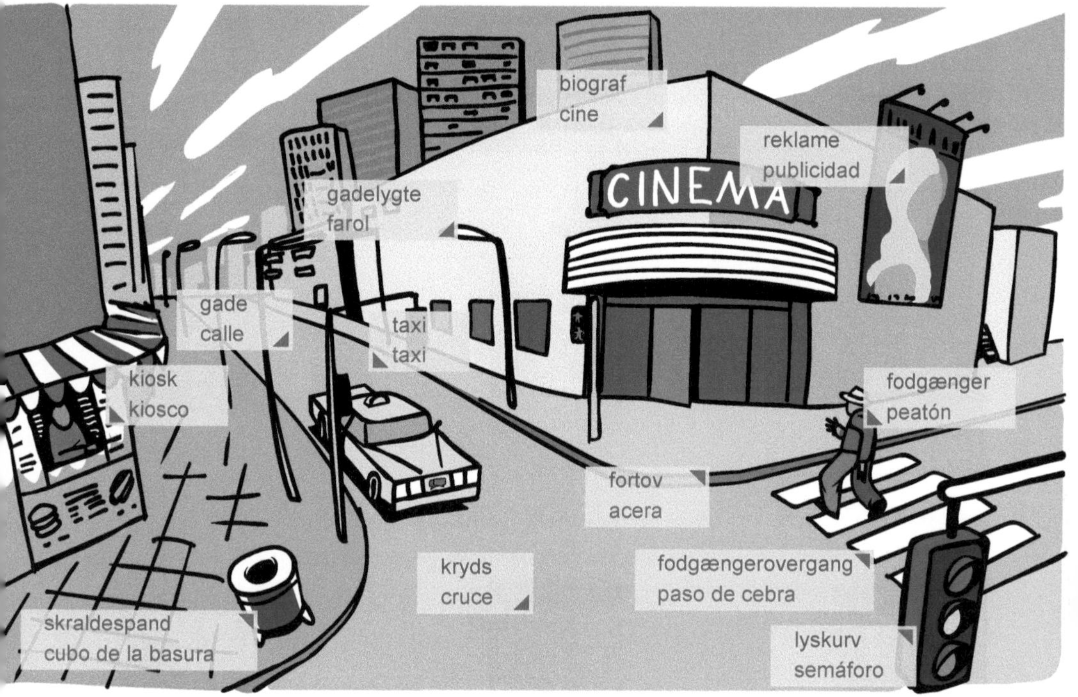

biograf
cine

reklame
publicidad

gadelygte
farol

CINEMA

gade
calle

taxi
taxi

kiosk
kiosco

fodgænger
peatón

fortov
acera

kryds
cruce

fodgængerovergang
paso de cebra

skraldespand
cubo de la basura

lyskurv
semáforo

hytte

cabaña

lejlighed

apartamento

banegård

estación de tren

rådhus

ayuntamiento

museum

museo

skole

escuela

universitet

universidad

bank

banco

sygehus

hospital

hotel

hotel

apotek

farmacia

kontor

oficina

boghandel

librería

butik

negocio

blomsterbutik

florería

supermarked

supermercado

marked

mercado

stormagasin

grandes almacenes

fiskehandler

pescadería

butikscenter

centro comercial

havn

puerto

park
parque

bænk
banco

bro
puente

trappe
escalera

undergrundsbane
metro

tunnel
túnel

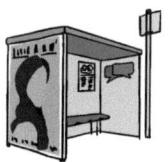

busstoppested
parada de autobuses

barnevogn
bar

restaurant
restaurante

postkasse
buzón de correo

vejskilt
letrero

parkometer
parquímetro

zoo
zoológico

badeanstalt
piscina

moske
mezquita

bondegård
granja

miljøforurening
polución

kirkegård
cementerio

kirke
iglesia

legeplads
parque infantil

tempel
templo

landskab
paisaje

blad
hoja

vejviser
indicador de camino

vej
sendero

eng
pradera

sten
piedra

vandrer
caminante

træ
árbol

flod
río

græs
pasto

blomst
flor

dal
valle

bjerg
montaña

sø
lago

skov
bosque

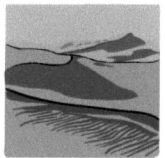

ørken
desierto

vulkan
volcán

slot
castillo

regnbue
arco iris

svamp
seta

palme
palmera

moskito
mosquito

flue
mosca

myre
hormiga

bi
abeja

edderkop
araña

bille

escarabajo

frø

rana

egern

ardilla

pindsvin

erizo

hare

liebre

ugle

lechuza

fugl

pájaro

svane

cisne

vildsvin

jabalí

hjort

ciervo

elg

alce

dæmning

embalse

vindmølle

aerogenerador

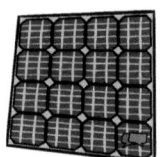

solcellemodul

módulo solar

klima

clima

tjener
camarero

spisekort
carta del menú

stol
silla

suppe
sopa

pizza
pizza

borddug
mantel

bestik
cubiertos

forret
entrada

hovedret
plato principal

dessert
postre

drikkevarer
bebida

mad
comida

flaske
botella

fastfood

comida rápida

streetfood

comida callejera

tekande

tetera

sukkerdåse

azucarera

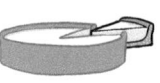

portion

porción

espressomaskine

máquina de espresso

barnestol

silla alta

faktura

factura

tablet

bandeja

kniv

cuchillo

gaffel

tenedor

ske

cuchara

teske

cuchara de té

serviet

servilleta

glas

vaso

restaurant - restaurante

tallerken

plato

dyb tallerken

plato de sopa

underkop

platillo

sovs

salsa

saltbøsse

salero

peberkværn

molinillo para pimienta

eddike

vinagre

olie

aceite

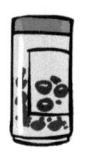

krydderier

especias

ketchup

ketchup

sennep

mostaza

mayonnaise

mayonesa

supermarked
supermercado

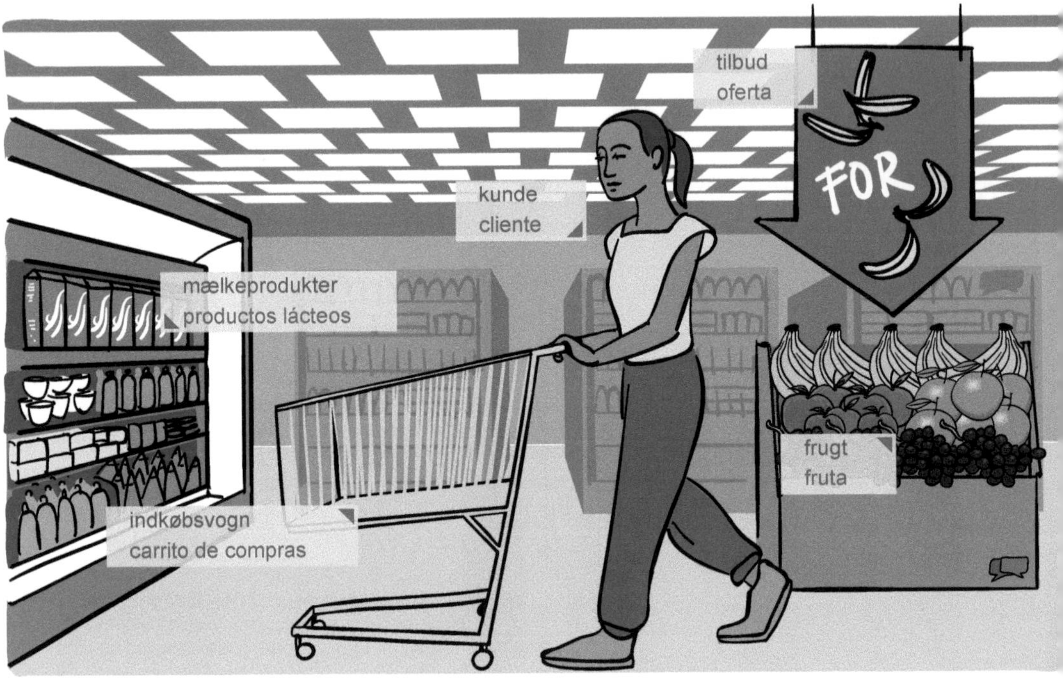

tilbud
oferta
FOR
kunde
cliente
mælkeprodukter
productos lácteos
frugt
fruta
indkøbsvogn
carrito de compras

BUTCHERS

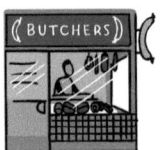

slagter

carnicería

BAKERY

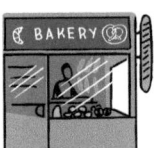

bageri

panadería

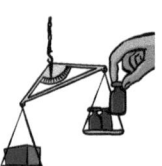

veje

pesar

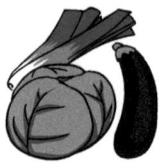

grøntsager

verdura

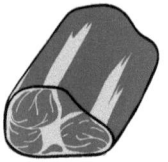

kød

carne

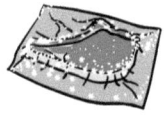

frostvarer

alimentos congelados

pålæg

fiambre

konserves

conservas

vaskemiddel

detergente en polvo

slik

dulces

husholdningsvarer

artículos domésticos

rengøringsmidler

productos de limpieza

ekspedient

vendedora

kasse

caja

kasserer

cajero

indkøbsliste

lista de compras

åbningstider

horario de atención

tegnebog

cartera

kreditkort

tarjeta de crédito

taske

maleta

plasticpose

bolsa plástica

vand

agua

saft

jugo

mælk

leche

cola

refresco de cola

vin

vino

øl

cerveza

alkohol

alcohol

kakao

cacao

te

té

kaffe

café

espresso

espresso

cappuccino

cappuccino

banan

banana

æble

manzana

appelsin

naranja

melon

sandía

citron

limón

gulerod

zanahoria

hvidløg

ajo

bambus

bambú

løg

cebolla

svamp

seta

nødder

nueces

nudler

fideos

spaghetti

espagueti

ris

arroz

salat

ensalada

pomfritter

patatas fritas

stegte kartofler

patatas salteadas

pizza

pizza

hamburger

hamburguesa

sandwich

sándwich

schnitzel

escalope

skinke

jamón

salami

salame

pølse

embutido

kylling

pollo

steg

asado

fisk

pescado

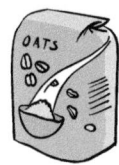

havregryn
copos de avena

mysli
musli

cornflakes
copos de maíz tostado

mel
harina

croissant
croissant

rundstykke
panecillo

brød
pan

toast
tostada

kiks
galletas

smør
mantequilla

kvark
cuajada

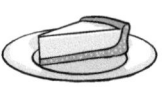

kage
pastel

æg
huevo

spejlæg
huevo frito

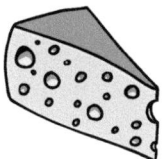

ost
queso

mad - comida

is

helado

sukker

azúcar

honning

miel

marmelade

mermelada

nougat-creme

praliné

karry

curry

bondegård
granja

bondehus
casa de labranza
skur
pajar
halmballer
paca de paja
mark
campo
hest
caballo
anhænger
remolque
traktor
tractor
føl
potro
æsel
asno
får
oveja
lam
cordero

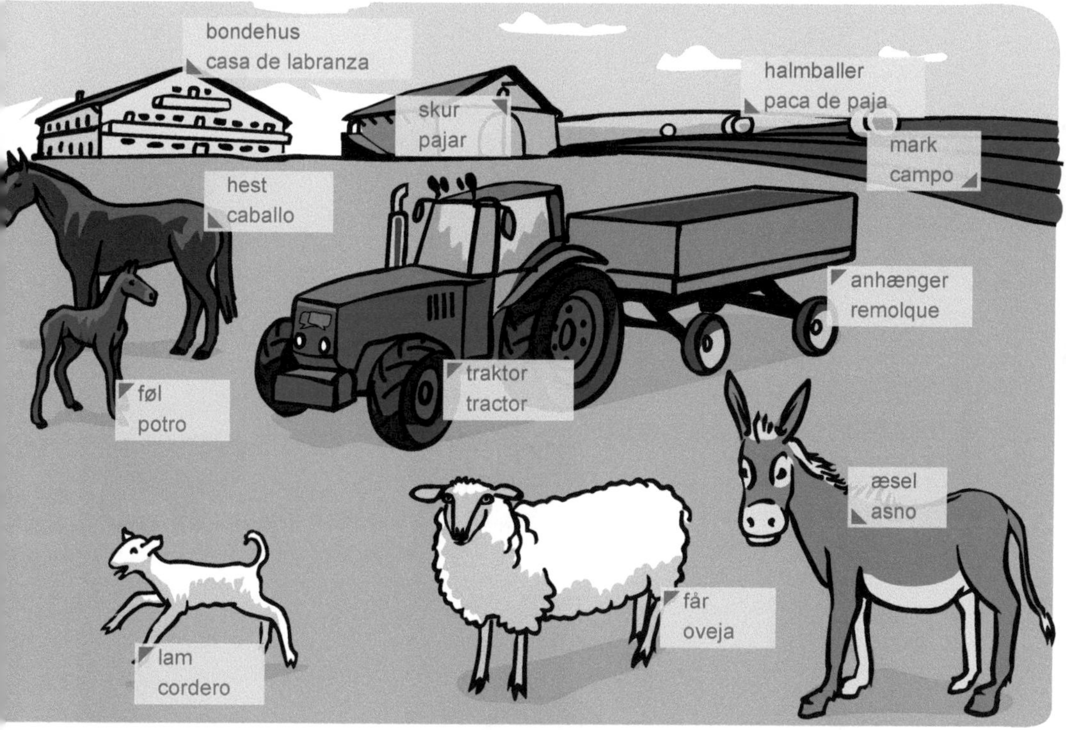

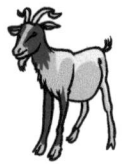

ged
cabra

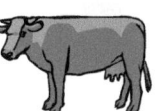

ko
vaca

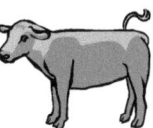

kalv
ternero

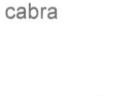

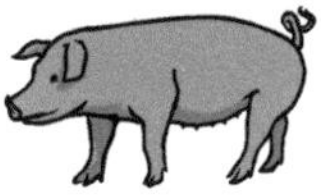

svin
cerdo

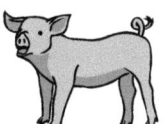

gris
lechón

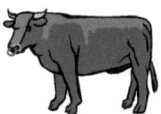

tyr
toro

gås
ganso

and
pato

kylling
polluelo

høne
pollo

hane
gallo

rotte
rata

kat
gato

mus
ratón

okse
buey

hund
perro

hundehus
caseta del perro

haveslange
manguera de riego

vandkande
regadera

le
guadaña

plov
arado

segl
hoz

hakkejern
azada

møggreb
bieldo

økse
hacha

trillebør
carretilla

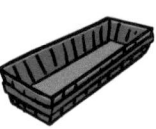

trug
abrevadero

mælkekande
lechera

sæk
saco

hæk
cerca

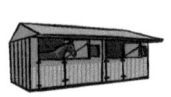

stald
establo

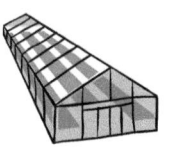

drivhus
invernadero

jord
suelo

frø
semilla

gødning
fertilizante

mejetærsker
cosechadora

høste
cosechar

høst
cosecha

yams
raíz de ñame

hvede
trigo

soja
soja

kartoffel
patata

majs
maíz

raps
colza

frugttræ
Árbol frutal

maniok
mandioca

korn
cereales

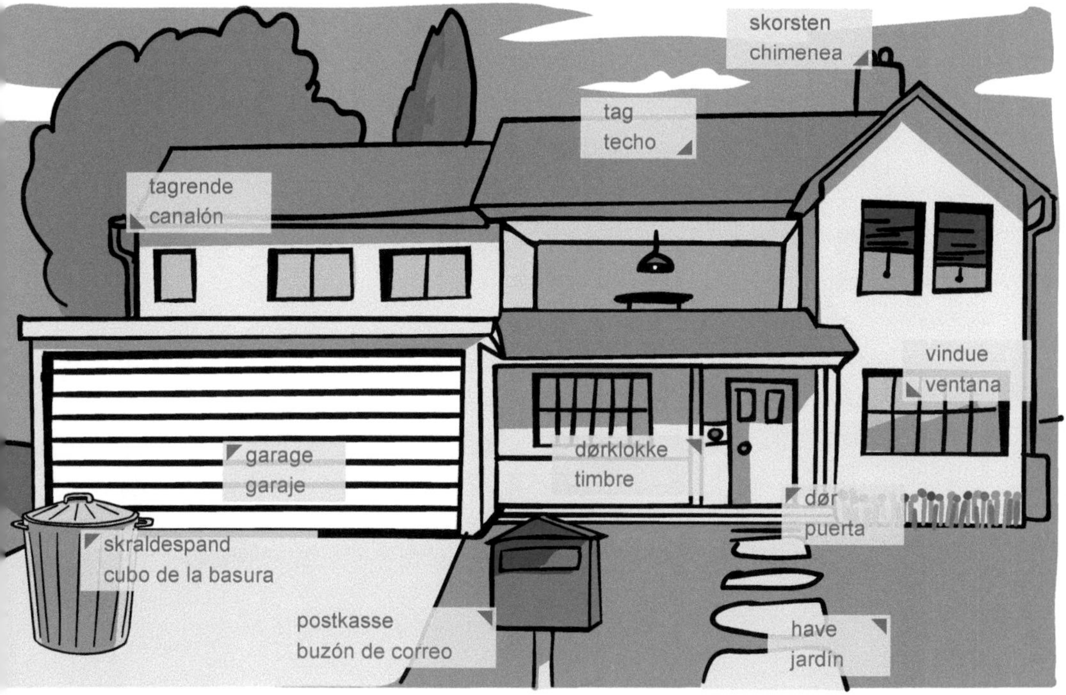

skorsten
chimenea

tag
techo

tagrende
canalón

vindue
ventana

garage
garaje

dørklokke
timbre

dør
puerta

skraldespand
cubo de la basura

postkasse
buzón de correo

have
jardín

stue
cuarto de estar

badeværelse
cuarto de baño

køkken
cocina

soveværelse
dormitorio

børneværelse
cuarto de los niños

spisestue
comedor

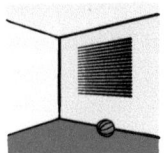

gulv

piso

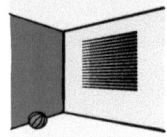

væg

pared

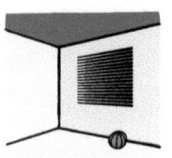

loft

cielorraso

kælder

sótano

sauna

sauna

altan

balcón

terrasse

terraza

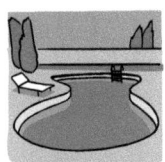

svømmehal

piscina

plæneklipper

cortacésped

dynebetræk

funda nórdica

dyne

edredón

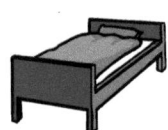

seng

cama

kost

escoba

spand

cubo

kontakt

interruptor

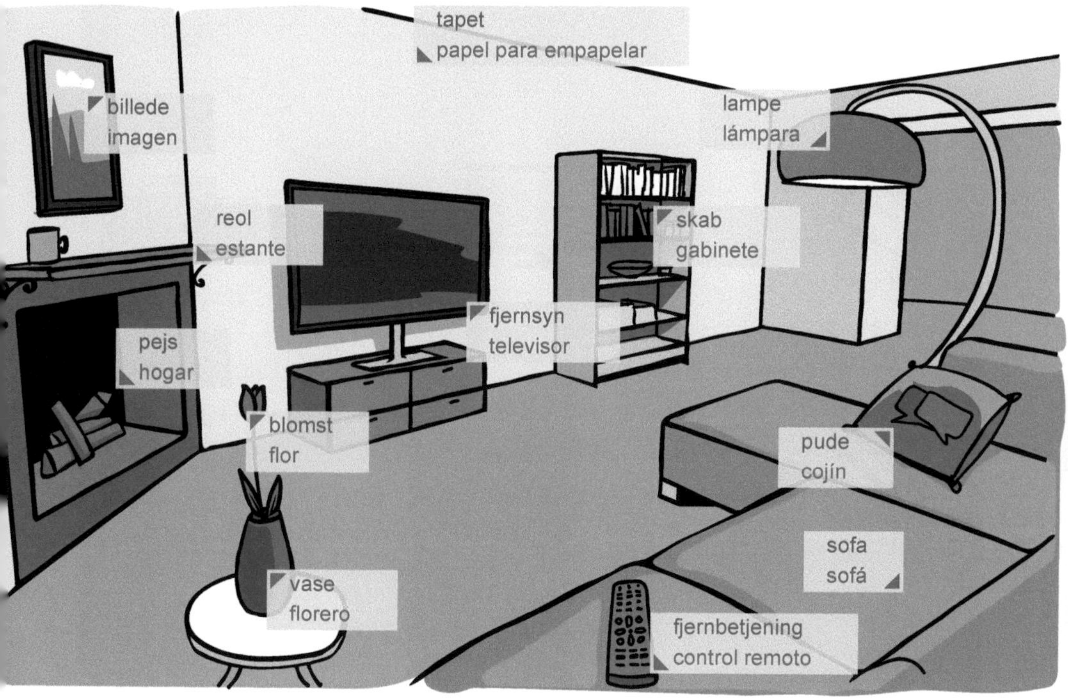

tapet
papel para empapelar

billede
imagen

lampe
lámpara

reol
estante

skab
gabinete

pejs
hogar

fjernsyn
televisor

blomst
flor

pude
cojín

vase
florero

sofa
sofá

fjernbetjening
control remoto

gulvtæppe

alfombra

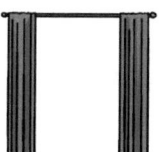

gardin

cortina

bord

mesa

stol

silla

gyngestol

mecedora

lænestol

sillón

bog
libro

tæppe
frazada

dekoration
decoración

brænde
leña

film
film

stereoanlæg
equipo estereofónico

nøgle
llave

avis
periódico

maleri
cuadro

plakat
póster

radio
radio

notesblok
bloc de notas

støvsuger
aspiradora

kaktus
cactus

lys
vela

køkken
cocina

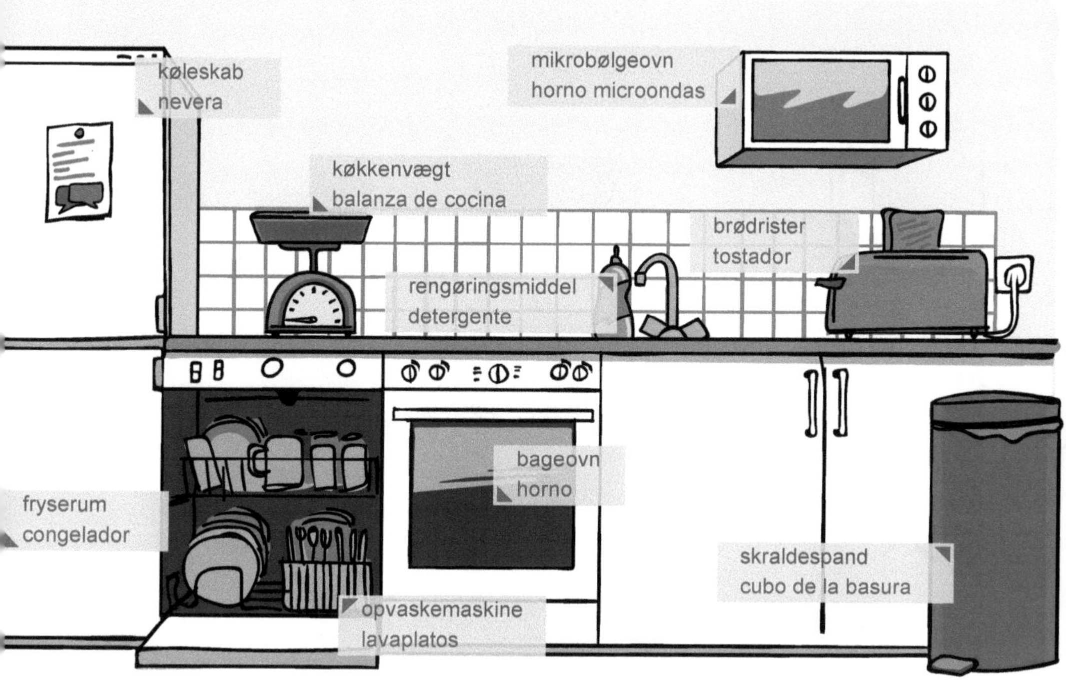
køleskab
nevera
mikrobølgeovn
horno microondas
køkkenvægt
balanza de cocina
brødrister
tostador
rengøringsmiddel
detergente
bageovn
horno
fryserum
congelador
skraldespand
cubo de la basura
opvaskemaskine
lavaplatos

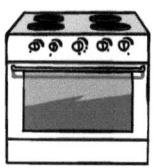

komfur

cocina

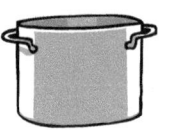

gryde

olla

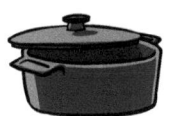

jerngryde

olla de fundición de hierro

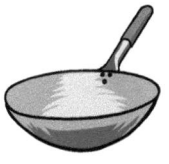

wok / kadai

wok / kadai

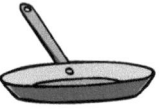

pande

sartén

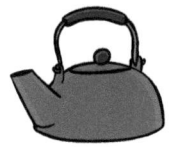

elkedel

hervidor de agua

dampkoger

olla de vapor

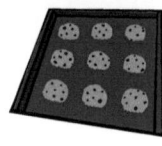

bageplade

bandeja de horno

service

vajilla

bæger

vaso

skål

bol

spisepinde

palillos para comer

øseske

cucharón de sopa

paletkniv

espátula

piskeris

batidor

dørslag

colador

si

cedazo

rive

rallador

morter

mortero

grille

parrillada

ildsted

fogata

skærebræt

tabla de picar

kagerulle

rodillo

proptrækker

sacacorchos

dåse

lata

dåseåbner

abrelatas

grydelap

agarrador

køkkenvask

fregadero

børste

cepillo

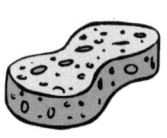

svamp

esponja

blender

batidora

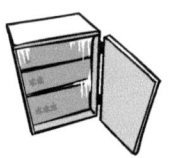

dybfryser

arcón congelador

sutteflaske

biberón

vandhane

grifo

badeværelse
cuarto de baño

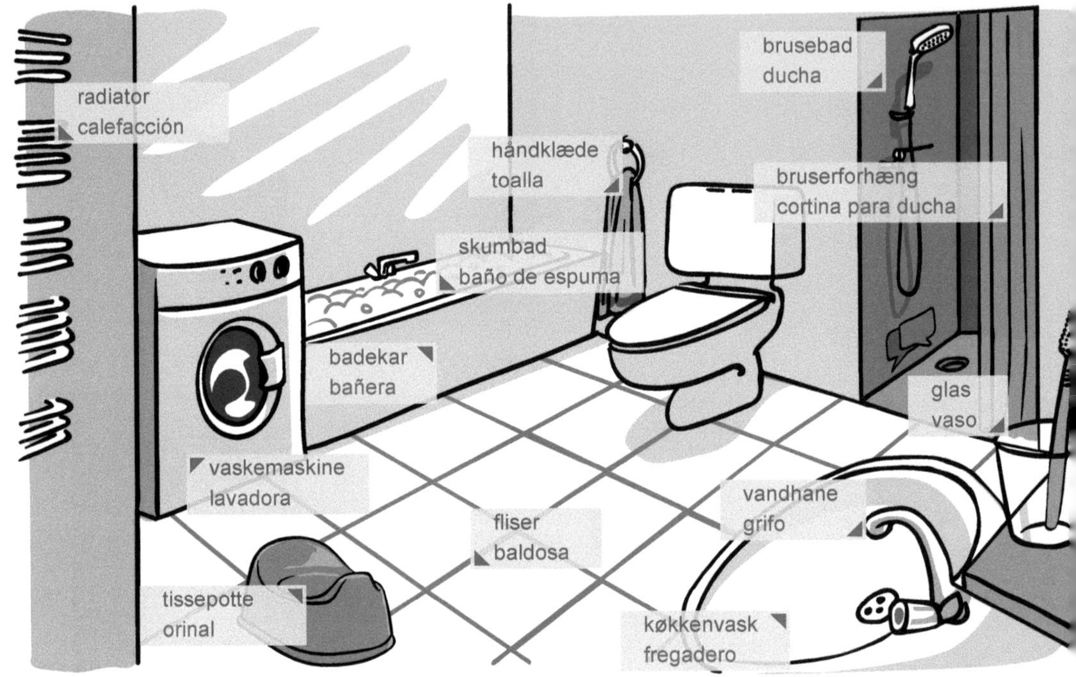

radiator
calefacción
håndklæde
toalla
brusebad
ducha
bruserforhæng
cortina para ducha
skumbad
baño de espuma
badekar
bañera
glas
vaso
vaskemaskine
lavadora
vandhane
grifo
fliser
baldosa
tissepotte
orinal
køkkenvask
fregadero

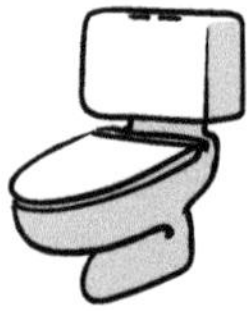

toilet
cuarto de baño

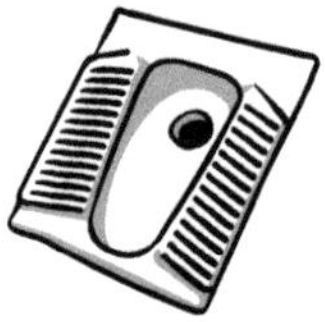

hugsiddende toilet
placa turca

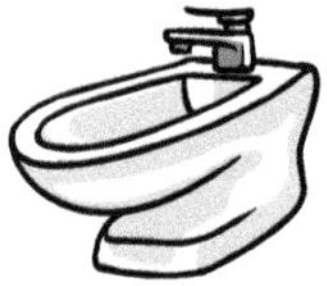

bidet
bidé

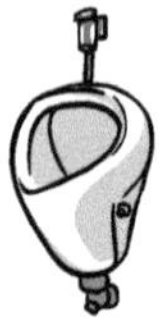

pissoir
urinario

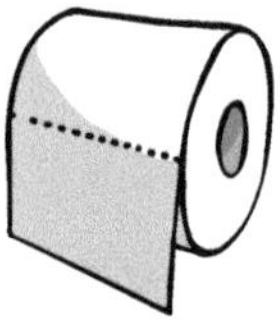

toiletpapir
papel higiénico

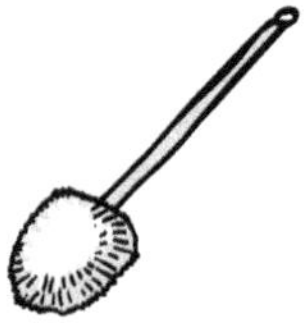

toiletbørste
escobilla para el cuarto de baño

tandbørste

cepillo de dientes

tandpasta

pasta dentífrica

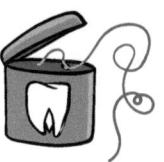

tandtråd

seda dental

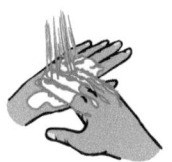

vaske

lavar

håndbruser

ducha teléfono

intimbruser

ducha higiénica

vaskefad

cuenco

badebørste

cepillo para la espalda

sæbe

jabón

brusegele

gel de ducha

shampoo

champú

vaskeklud

manopla para baño

afløb

desagüe

creme

crema

deodorant

desodorante

spejl

espejo

kosmetikspejl

espejo de maquillaje

barberhøvl

máquina de afeitar

barberskum

espuma de afeitar

barbervand

loción para después del afeitado

kam

peine

børste

cepillo

hårtørrer

secador para cabello

hårspray

laca de peinado

makeup

maquillaje

læbestift

lápiz labial

neglelak

laca para uñas

vat

algodón

neglesaks

tijera para uñas

parfume

perfume

toilettaske

neceser

skammel

taburete

vægt

balanza

badekåbe

bata de baño

gummihandsker

guantes de goma

tampon

tampón

damebind

compresa

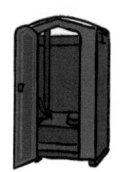

kemisk toilet

wáter químico

børneværelse

cuarto de los niños

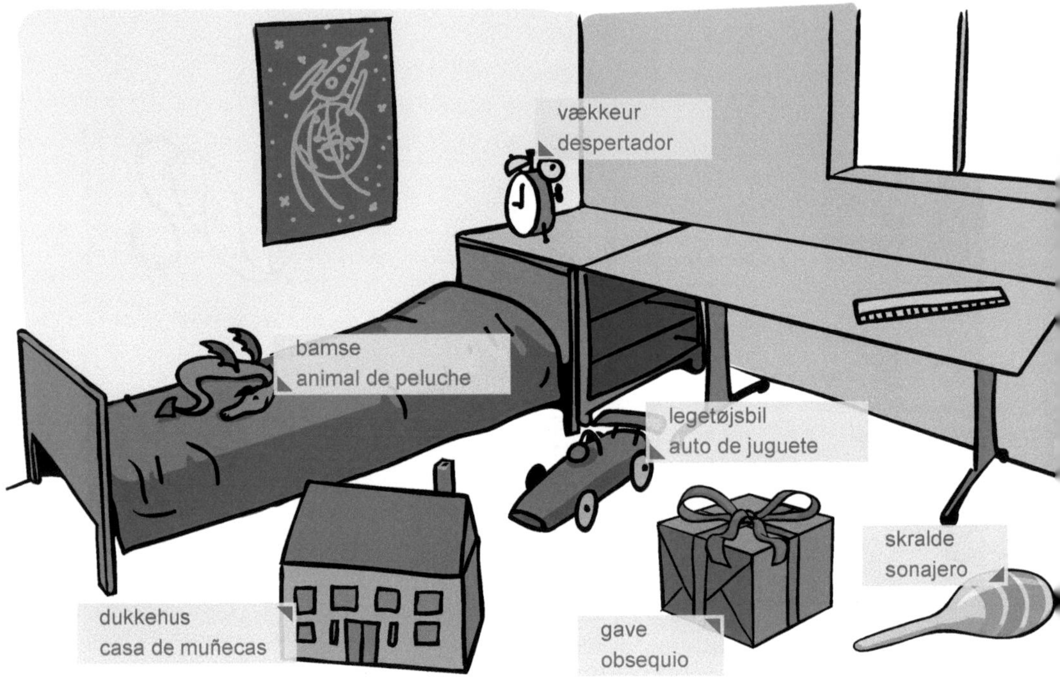
vækkeur
despertador
bamse
animal de peluche
legetøjsbil
auto de juguete
skralde
sonajero
dukkehus
casa de muñecas
gave
obsequio

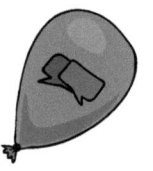

ballon

globo

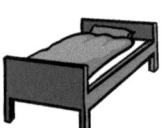

seng

cama

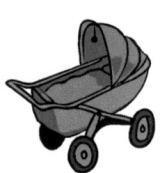

barnevogn

cochecito para niños

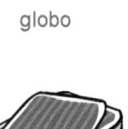

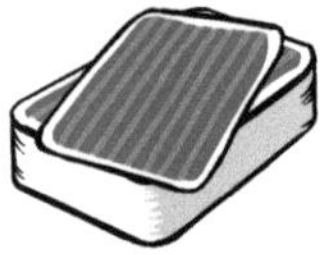

kortspil

juego de barajas

puslespil

rompecabezas

SUPER
MEGA

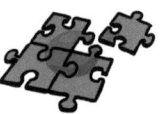

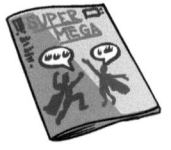

tegneserie

cómic

legoklodser

piezas de Lego

byggeklodser

bloques para jugar

action figur

figura de acción

sparkedragt

pijama de una pieza

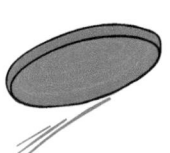

frisbee

frisbee

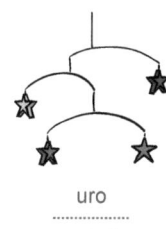

uro

móvil

brætspil

juego de mesa

terning

dado

modeljernbane

tren eléctrico a escala

sut

chupete

fest

fiesta

billedbog

libro de dibujos

bold

pelota

dukke

títere

lege

jugar

sandkasse

arenero

gynge

columpio

legetøj

juguetes

spillekonsol

consola de videojuego

trehjulet cykel

triciclo

bamse

osito de peluche

klædeskab

guardarropa

tøj

vestimenta

sokker

calcetines

strømper

medias

strømpebukser

panti

sjal
chal

paraply
paraguas

bælte
cinturón

T-shirt
camiseta

sneakers
deportivas

støvler
botas

hjemmesko
zapatilla

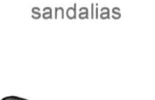

sandaler
....
sandalias

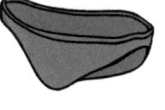

sko
....
zapatos

gummistøvler
....
botas de goma

underbukser
....
ropa interior

BH
....
corpiño

undertrøje
....
camiseta

body
body

bukser
pantalón

jeans
jeans

nederdel
falda

bluse
blusa

skjorte
camisa

pullover
pullover

sweatshirt
sweater

blazer
blazer

jakke
chaqueta

frakke
abrigo

regnfrakke
impermeable

kostume
traje chaqueta

kjole
vestido

brudekjole
vestido de bodas

jakkesæt
traje

nattrøje
camisón

pyjamas
pijama

sari
sari

hovedtørklæde
pañuelo de cabeza

turban
turbante

burka
burka

kaftan
caftán

abaya
abaya

badedragt
traje de baño

badebukser
bañador

korte bukser
shorts

træningsdragt
chándal

forklæde
delantal

handsker
guante

knap

botón

briller

gafa

armbånd

brazalete

kæde

cadena

ring

anillo

ørering

aro

hue

gorra

bøjle

percha

hat

sombrero

slips

corbata

lynlås

cierre a cremallera

hjelm

casco

seler

tiradores

skoleuniform

uniforme escolar

uniform

uniforme

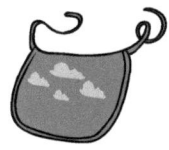

hagesmæk

babero

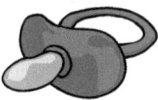

sut

chupete

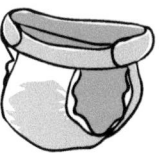

ble

pañal

kontor
oficina

server
servidor
arkivskab
archivador
printer
impresora
papir
papel
skærm
monitor
mus
ratón
skrivebord
escritorio
mappe
carpeta
tastatur
teclado
papirkurv
cesto de papeles
computer
ordenador
stol
silla

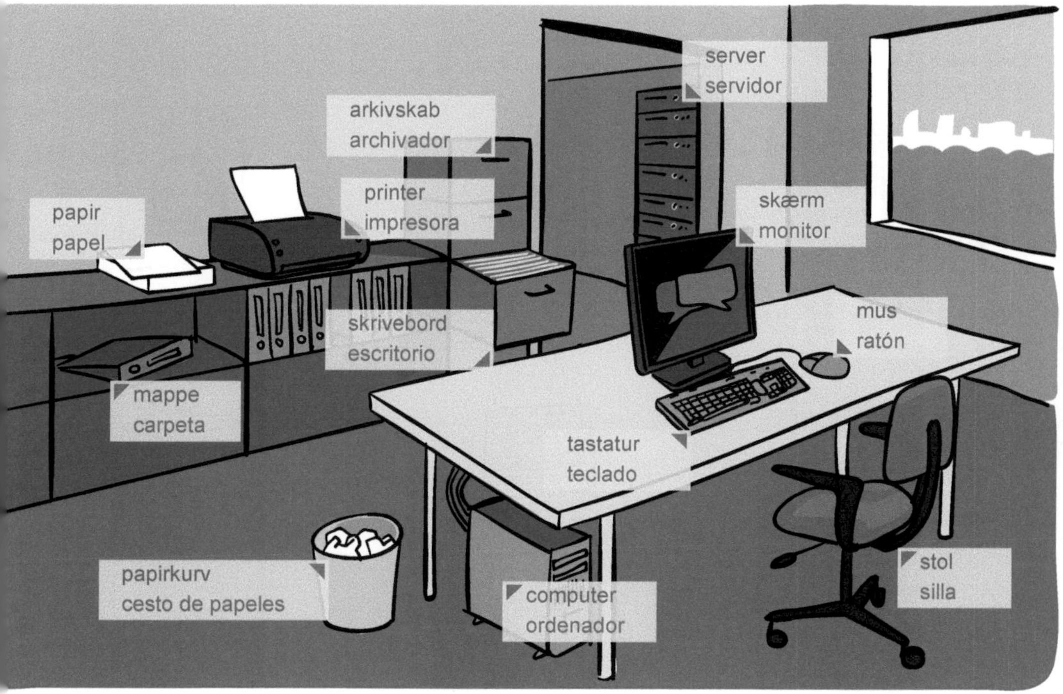

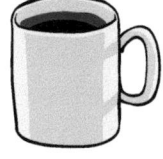

kaffekrus

taza de café

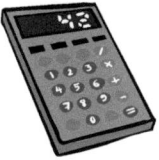

lommeregner

calculadora

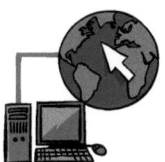

internet

internet

bærbar

laptop

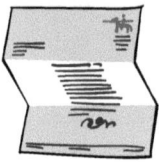

brev

carta

besked

mensaje

mobil

teléfono móvil

netværk

red

kopimaskine

fotocopiadora

software

software

telefon

teléfono

stikdåse

tomacorriente

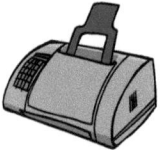

fax

máquina de fax

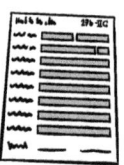

formular

formulario

dokument

documento

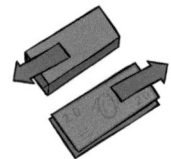

købe
comprar

betale
pagar

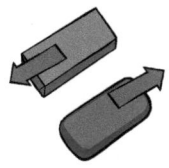

handle
comerciar

penge
dinero

dollar
dólar

euro
euro

yen
yen

rubel
rublo

schweizerfranc
franco

renminbi yuan
renminbi

rupee
rupia

hæveautomat
cajero automático

vekselkontor

casa de cambio

guld

oro

sølv

plata

olie

petróleo

energi

energía

pris

precio

kontrakt

contrato

skat

impuesto

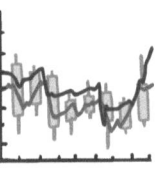

aktie

acción

arbejde

trabajar

ansat

empleado

arbejdsgiver

empleador

fabrik

fábrica

butik

negocio

erhverv
ocupaciones

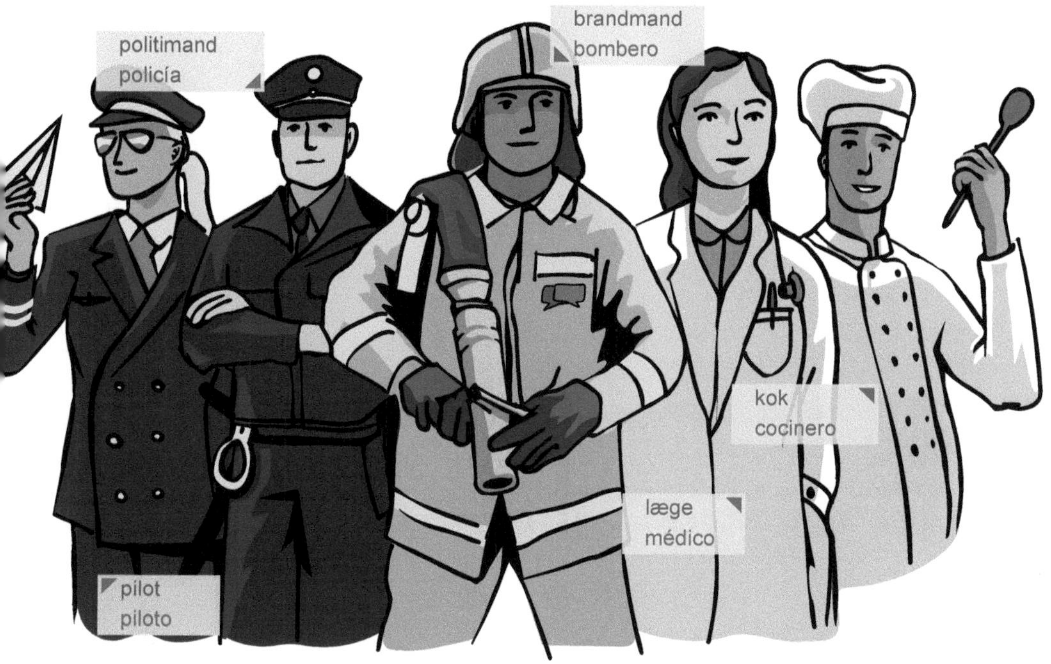
politimand
policía
brandmand
bombero
kok
cocinero
læge
médico
pilot
piloto

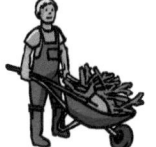

gartner
jardinero

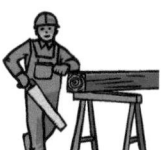

tømrer
carpintero

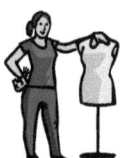

syerske
costurera

dommer
juez

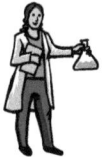

kemiker
químico

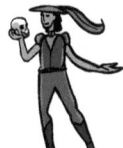

skuespiller
actor

buschauffør

conductor de autobús

taxachauffør

taxista

fisker

pescador

rengøringskone

mujer de la limpieza

tagdækker

techista

tjener

camarero

jæger

cazador

maler

pintor

bager

panadero

elektriker

electricista

bygningsarbejder

albañil

ingeniør

ingeniero

slagter

carnicero

vvs-mand

fontanero

postbud

cartero

soldat

soldado

arkitekt

arquitecto

kasserer

cajero

blomsterhandler

florista

frisør

peluquero

togfører

cobrador

mekaniker

mecánico

kaptajn

capitán

tandlæge

odontólogo

videnskabsmand

científico

rabbiner

rabino

imam

imam

munk

monje

præst

párroco

værktøj
herramientas

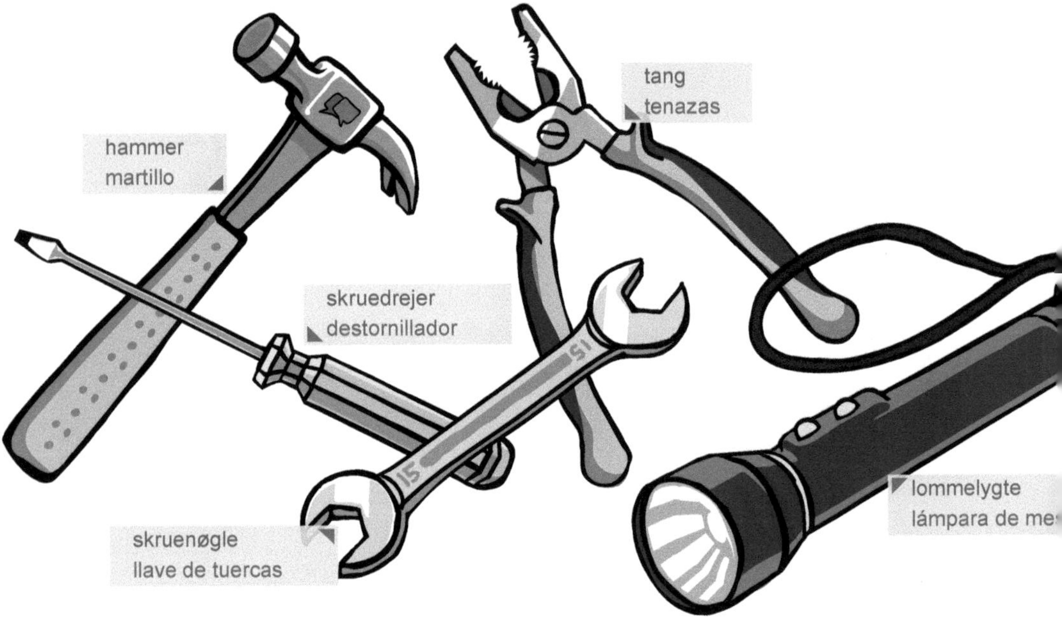
hammer
martillo
tang
tenazas
skruedrejer
destornillador
skruenøgle
llave de tuercas
lommelygte
lámpara de me

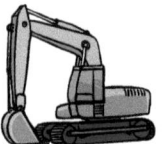

gravemaskine

excavadora

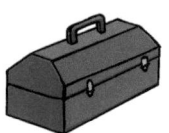

værktøjskasse

caja de herramientas

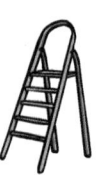

stige

escalerilla

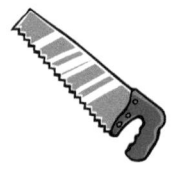

sav

serrucho

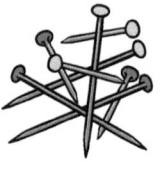

søm

clavos

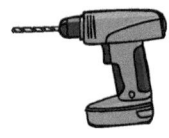

bor

taladro

reparere
....
reparar

skovl
....
pala

Lort!
....
¡Maldición!

fejebakke
....
recogedor

malerspand
....
lata de pintura

skruer
....
tornillos

musikinstrumenter
instrumentos musicales

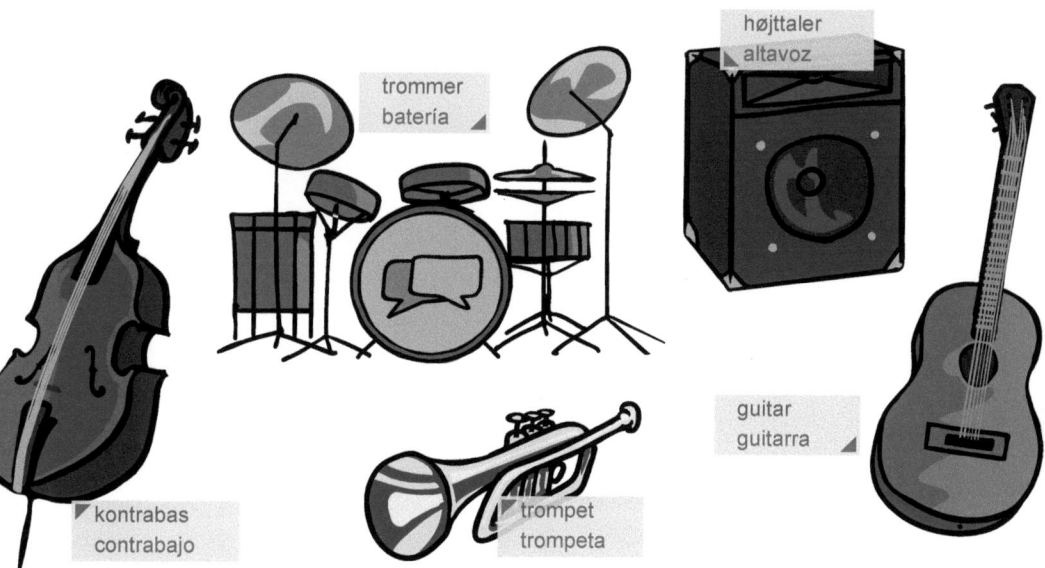

trommer
batería

højttaler
altavoz

guitar
guitarra

kontrabas
contrabajo

trompet
trompeta

klaver

piano

violin

violín

bas

bajo

pauke

timbales

tromme

tambor

keyboard

teclado

saxofon

saxofón

fløjte

flauta

mikrofon

micrófono

zoo

zoológico

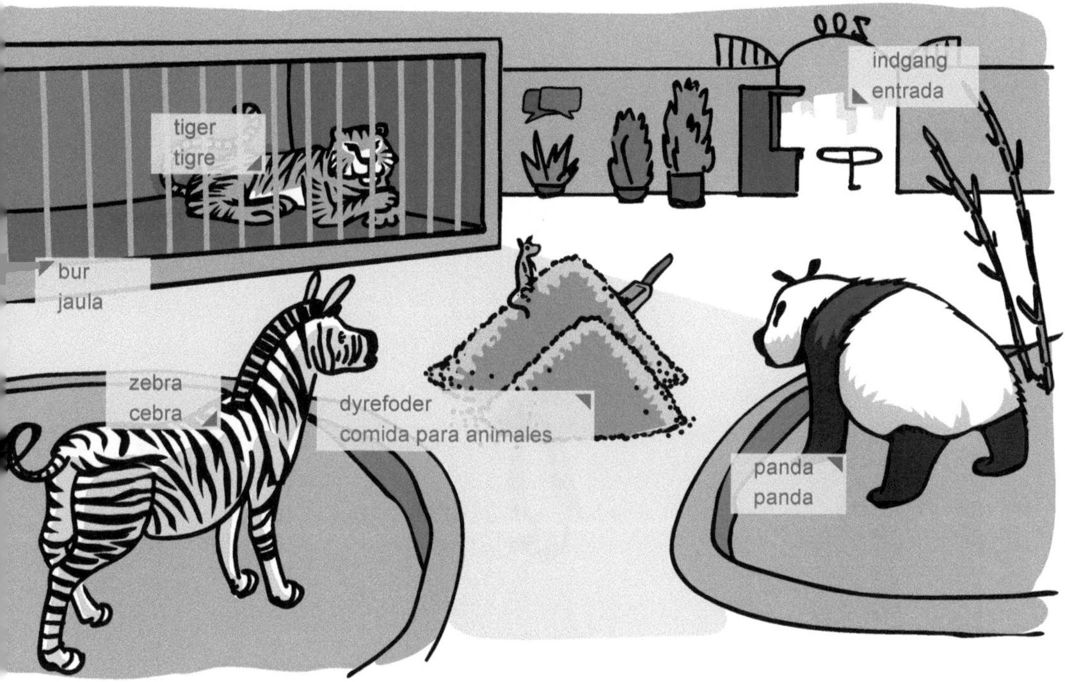
indgang
entrada
tiger
tigre
bur
jaula
zebra
cebra
dyrefoder
comida para animales
panda
panda

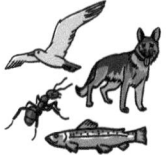

dyr

animales

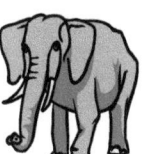

elefant

elefante

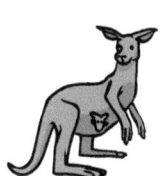

kænguru

canguro

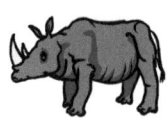

næsehorn

rinoceronte

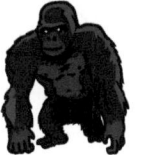

gorilla

gorila

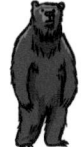

bjørn

oso

kamel

camello

struds

avestruz

løve

león

abe

mono

flamingo

flamengo

papegøje

papagayo

isbjørn

oso polar

pingvin

pingüino

haj

tiburón

påfugl

pavo real

slange

serpiente

krokodille

cocodrilo

dyrepasser

cuidador del zoológico

sæl

foca

jaguar

jaguar

zoo - zoológico

pony
pony

leopard
leopardo

flodhest
hipopótamo

giraf
jirafa

ørn
águila

vildsvin
jabalí

fisk
pescado

skildpadde
tortuga

hvalros
morsa

ræv
zorro

gazelle
gacela

amerikansk football
fútbol americano

cykling
ciclismo

tennis
tenis

basketball
baloncesto

svømning
natación

boksning
boxeo

ishockey
hockey sobre hielo

fodbold
fútbol

badminton
badminton

atletik
atletismo

håndbold
balonmano

skiløb
esquí

polo
polo

grine
reír

springe
saltar

give et knus
abrazar

gå
caminar

synge
cantar

drømme
soñar

bede
rezar

kysse
besar

skrive
....
escribir

tegne
....
dibujar

vise
....
mostrar

skubbe
....
presionar

give
....
dar

tage
....
tomar

have
tener

gøre
hacer

være
ser

stå
estar de pie

løbe
correr

trække
tirar

kaste
arrojar

falde
caer

ligge
estar acostado

vente
esperar

bære
llevar

sidde
estar sentado

tage på
vestirse

sove
dormir

vågne
despertar

se på

mirar

græde

llorar

ae

acariciar

kæmme

peinarse

tale

conversar

forstå

entender

spørge

preguntar

høre

oír

drikke

beber

spise

comer

rydde op

asear

elske

amar

koge

cocinar

køre

conducir

flyve

volar

sejle

navegar

regne

calcular

læse

leer

lære

aprender

arbejde

trabajar

gifte sig med

casarse

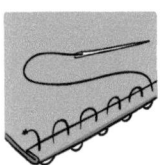

sy

coser

børste tænder

limpiarse los dientes

dræbe

matar

ryge

fumar

sende

enviar

bedstemor
abuela

bedstefar
abuelo

far
padre

mor
madre

baby
bebé

datter
hija

søn
hijo

gæst

invitado

tante

tía

onkel

tío

bror

hermano

søster

hermana

krop

cuerpo

pande
frente
øje
ojo
skulder
hombro
finger
dedo
ansigt
cara
hage
barbilla
hånd
mano
ben
pierna
bryst
pecho
arm
brazo

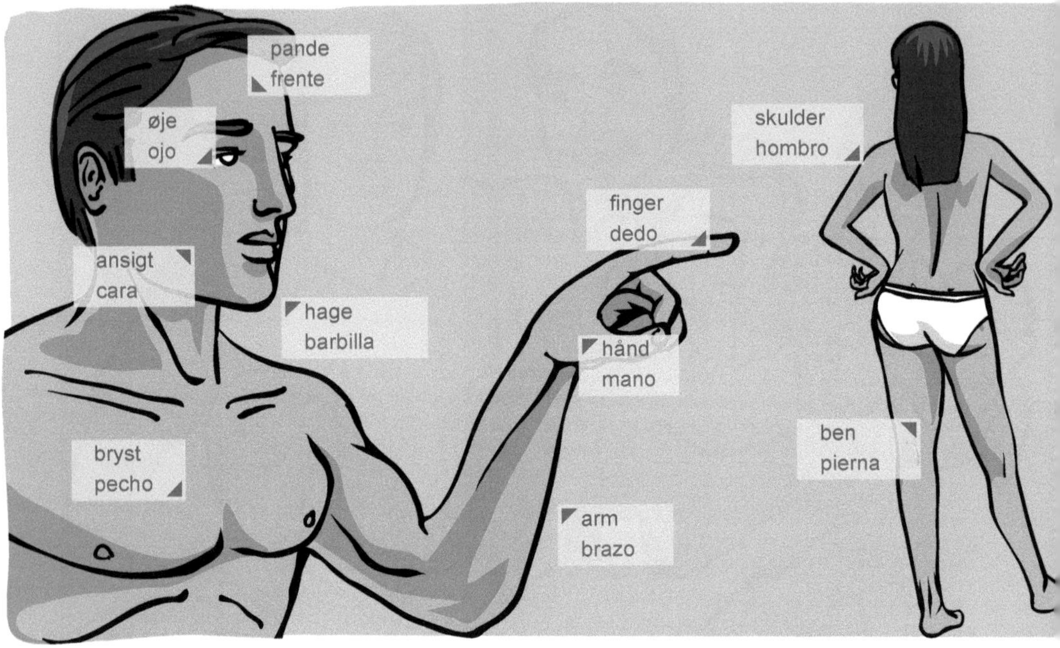

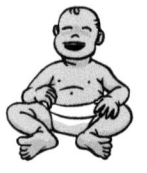

baby

bebé

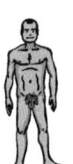

mand

hombre

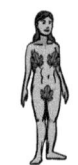

kvinde

mujer

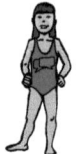

pige

muchacha

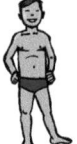

dreng

joven

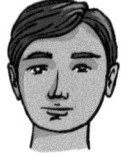

hoved

cabeza

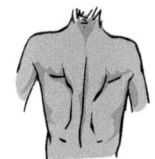

ryg

espalda

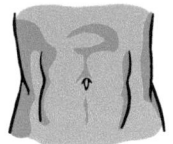

mave

vientre

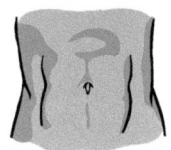

navle

ombligo

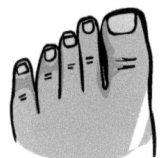

tå

dedo del pie

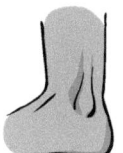

hæl

talón

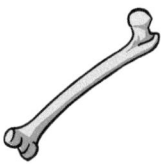

knogle

hueso

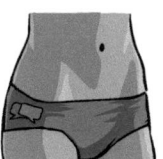

hofte

cadera

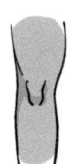

knæ

rodilla

albue

codo

næse

nariz

bagdel

trasero

hud

piel

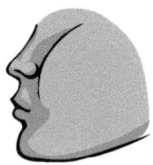

kind

mejilla

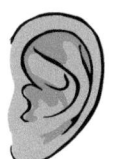

øre

oreja

læbe

labio

krop - cuerpo

mund

boca

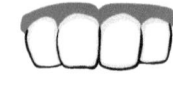

tand

diente

tunge

lengua

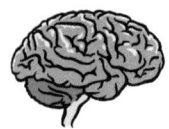

hjerne

cerebro

hjerte

corazón

muskel

músculo

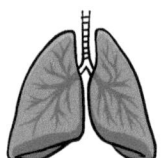

lunge

pulmón

lever

hígado

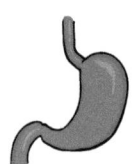

mavesæk

estómago

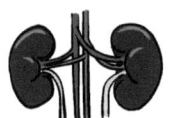

nyrer

riñones

sex

relación sexual

kondom

condón

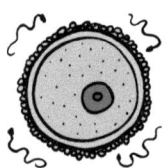

ægcelle

Óvulo

sperm

esperma

svangerskab

embarazo

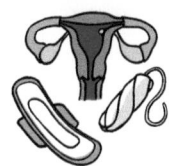

menstruation

menstruación

vagina

vagina

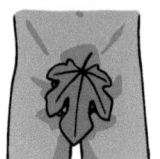

penis

pene

øjenbryn

ceja

hår

cabello

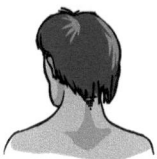

hals

cuello

sygehus
hospital

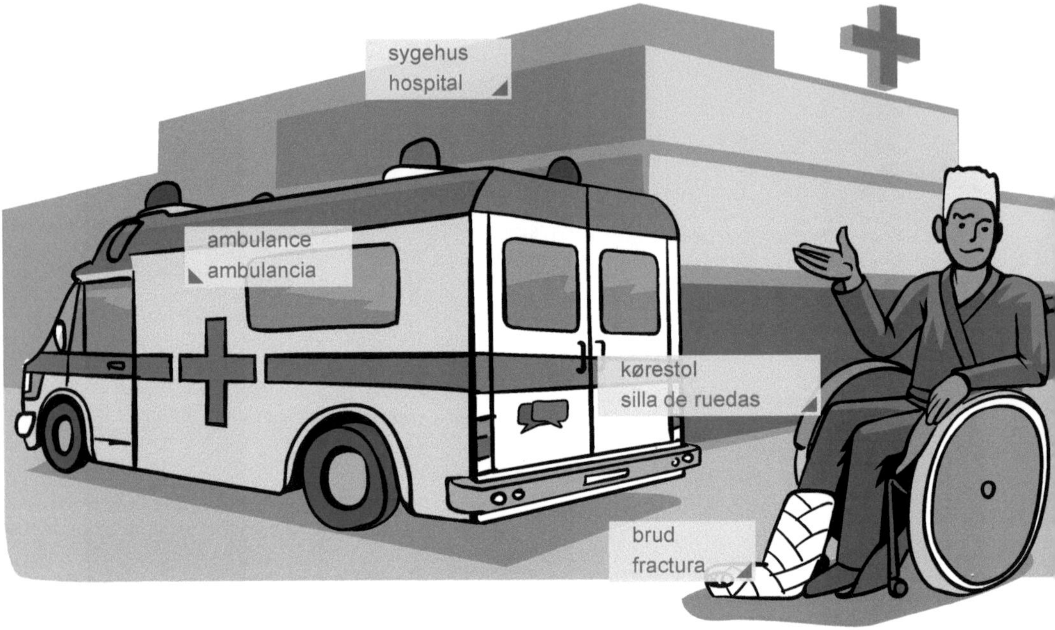

sygehus
hospital
ambulance
ambulancia
kørestol
silla de ruedas
brud
fractura

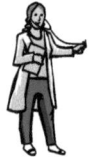

læge
médico

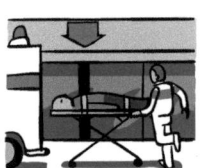

akutmodtagelse
admisión de urgencia

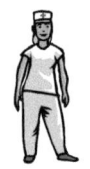

sygeplejerske
enfermera

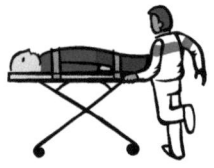

nødstilfælde
emergencia

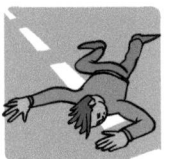

bevidstløs
inconsciente

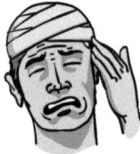

smerte
dolor

skade

lesión

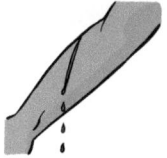

blødning

hemorragia

hjerteinfarkt

infarto de miocardio

slagtilfælde

apoplejía cerebral

allergi

alergia

hoste

tos

feber

fiebre

influenza

gripe

diarré

diarrea

hovedpine

dolor de cabeza

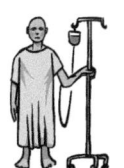

kræft

cáncer

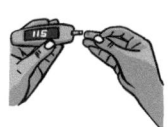

diabetes

diabetes

kirurg

cirujano

skalpel

escalpelo

operation

operación

CT
TC

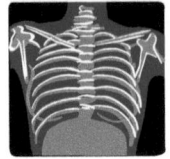

røntgen
rayos X

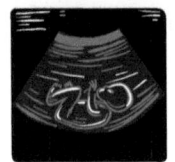

ultralyd
ultrasonido

maske
máscara

sygdom
enfermedad

venteværelse
sala de espera

krykke
muleta

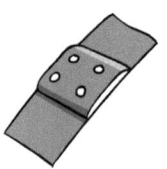

plaster
emplasto

forbinding
vendaje

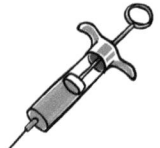

injektion
inyección

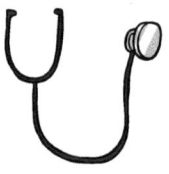

stetoskop
estetoscopio

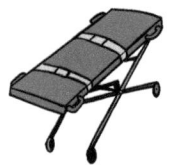

båre
camilla

termometer
termómetro

fødsel
nacimiento

overvægt
sobrepeso

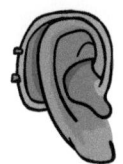

høreapparat
audífono

desinficerende middel
desinfectante

infektion
infección

virus
virus

HIV / AIDS
VIH / SIDA

medicin
medicina

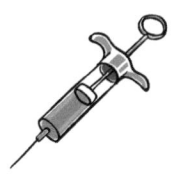

vaccination
vacunación

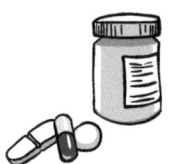

tabletter
comprimido

pille
píldora anticonceptiva

nødopkald
llamada de emergencia

blodtryksmåler
medidor de presión arterial

syg / rask
enfermo / saludable

Hjælp!

¡Ayuda!

alarm

alarma

overfald

asalto

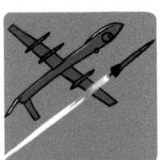

angreb

ataque

fare

peligro

nødudgang

salida de emergencia

Det brænder!

¡Fuego!

ildslukker

extintor

uheld

accidente

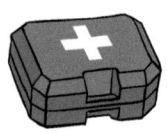

førstehjælps-kuffert

kit de primeros auxilios

SOS

SOS

politi

Policía

Europa

Europa

Nordamerika

América del Norte

Sydamerika

América del Sur

Afrika

África

Asien

Asia

Australien

Australia

Atlanterhavet

Atlántico

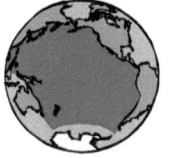

Stillehavet

Pacífico

Indiske Ocean

Océano Índico

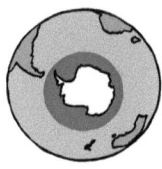

Sydlige Ishav

Océano Antártico

Ishav

Océano Ártico

Nordpol

Polo Norte

Sydpol

Polo Sur

Antarktis

Antártida

Jorden

Tierra

land

país

hav

mar

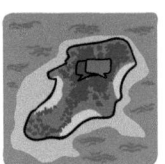

ø

isla

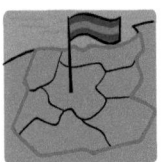

nation

nación

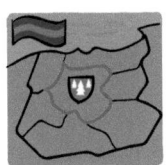

stat

Estado

urskive

cuadrante

timeviser

horario

minutviser

minutero

sekundviser

segundero

Hvad er klokken?

¿Qué hora es?

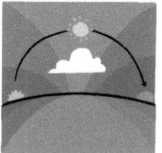

dag

día

tid

tiempo

nu

ahora

digitalur

reloj digital

minut

minuto

time

hora

uge
semana

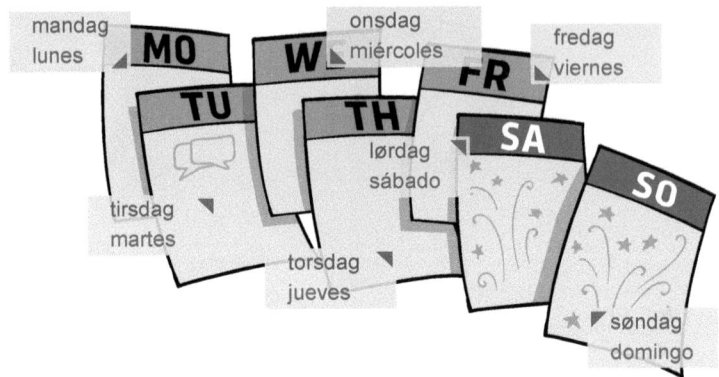

mandag
lunes

onsdag
miércoles

fredag
viernes

tirsdag
martes

lørdag
sábado

torsdag
jueves

søndag
domingo

i går
....
ayer

i dag
....
hoy

i morgen
....
mañana

morgen
....
mañana

middag
....
mediodía

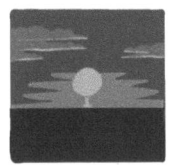

aften
....
tarde

MO	TU	WE	TH	FR	SA	SU
1	2	3	4	5	6	7
8	9	10	11	12	13	14
15	16	17	18	19	20	21
22	23	24	25	26	27	28
29	30	31	1	2	3	4

arbejdsdage
....
jornada de trabajo

MO	TU	WE	TH	FR	SA	SU
1	2	3	4	5	6	7
8	9	10	11	12	13	14
15	16	17	18	19	20	21
22	23	24	25	26	27	28
29	30	31	1	2	3	4

weekend
....
fin de semana

år

año

regn
lluvia
regnbue
arco iris
vind
viento
sne
nieve
forår
primavera
sommer
verano
efterår
otoño
vinter
invierno

4.APRIL 11°
5.APRIL 4°
6.APRIL 13°
7.APRIL 8°
8.APRIL 10°

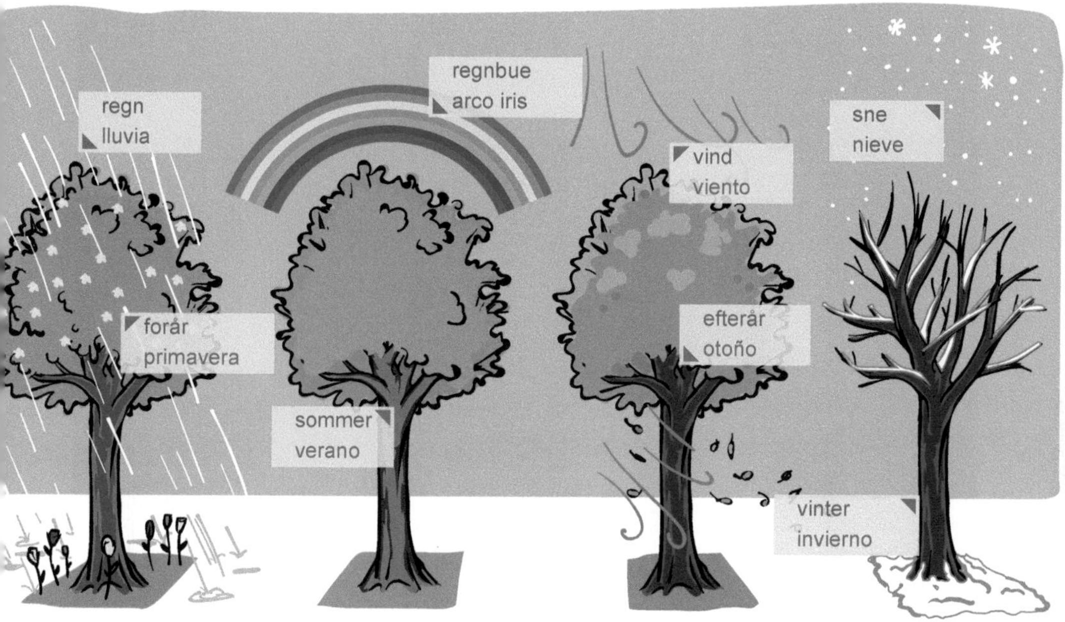

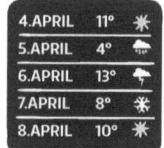

vejrudsigt

pronóstico meteorológico

F C
120 40
90 30
60 20
30 10
0 0
-30 -10
-20

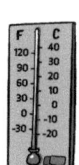

termometer

termómetro

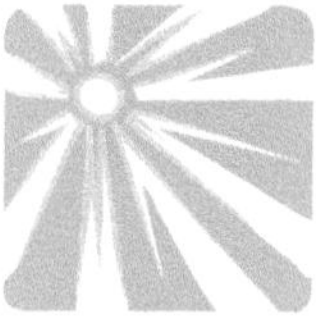

solskin

luz solar

sky

nube

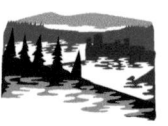

tåge

niebla

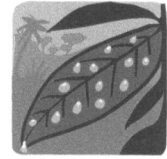

luftfugtighed

humedad ambiente

lyn

relámpago

torden

trueno

storm

tormenta

hagl

granizo

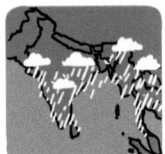

monsun

monzón

flod

inundación

is

hielo

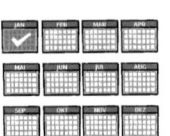

januar

enero

februar

febrero

marts

marzo

april

abril

maj

mayo

juni

junio

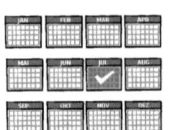

juli

julio

august

agosto

år - año

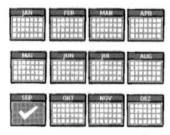

september
septiembre

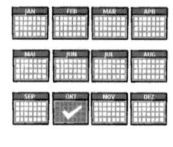

oktober
octubre

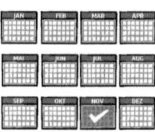

november
noviembre

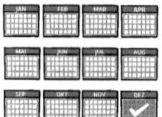

december
diciembre

former
formas

cirkel
círculo

kvadrat
cuadrado

firkant
rectángulo

trekant
triángulo

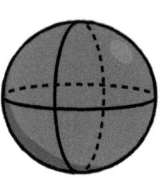

kugle
esfera

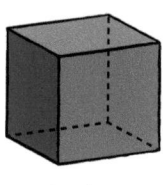

terning
cubo

hvid

blanco

gul

amarillo

orange

anaranjado

pink

rosa

rød

rojo

lilla

lila

blå

azul

grøn

verde

brun

marrón

grå

gris

sort

negro

meget / lidt

mucho / poco

rasende / fredelig

enojado / calmado

smuk / grim

bonito / feo

begyndelse / slut

comienzo / fin

stor / lille

grande / pequeño

lys / mørk

claro / oscuro

bror / søster

hermano / hermana

ren / snavset

limpio / sucio

fuldkommen / ufuldkommen

completo / incompleto

dag / nat

día / noche

død / levende

muerto / vivo

bred / smal

ancho / angosto

spiselig / uspiselig

disfrutable / no disfrutable

vred / venlig

malo / amigable

ophidset / kedet

excitado / aburrido

tyk / tynd

gordo / delgado

først / sidst

primero / último

ven / fjende

amigo / enemigo

fuld / tom

lleno / vacío

hård / blød

duro / suave

tung / let

pesado / liviano

sult / tørst

hambre / sed

syg / rask

enfermo / saludable

illegal / legal

ilegal / legal

intelligent / dum

inteligente / tonto

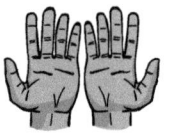

venstre / højre

izquierda / derecha

nær / fjern

cercano / lejano

ny / brugt

nuevo / usado

intet / noget

nada / algo

gammel / ung

viejo / joven

tændt / slukket

encendido / apagado

åben / lukket

abierto / cerrado

stille / højt

bajo / fuerte

rig / fattig

rico / pobre

rigtig / forkert

correcto / incorrecto

ru / glat

áspero / liso

ked af det / lykkelig

triste / alegre

kort / lang

breve / extenso

langsom / hurtig

lento / veloz

våd / tør

mojado / seco

varm / kold

caliente / frío

krig / fred

guerra / paz

modsætninger - opuestos

0

nul

cero

1

en

uno

2

to

dos

3

tre

tres

4

fire

cuatro

5

fem

cinco

6

seks

seis

7

syv

siete

8

otte

ocho

9

ni

nueve

10

ti

diez

11

elleve

once

12
tolv
doce

13
tretten
trece

14
fjorten
catorce

15
femten
quince

16
seksten
dieciséis

17
sytten
diecisiete

18
atten
dieciocho

19
nitten
diecinueve

20
tyve
veinte

100
hundrede
cien

1.000
tusinde
mil

1.000.000
million
millón

engelsk

inglés

amerikansk engelsk

inglés estadounidense

kinesisk mandarin

chino mandarín

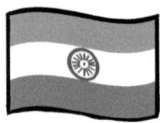

hindi

hindi

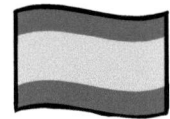

spansk

español

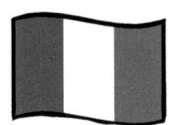

fransk

francés

arabisk

árabe

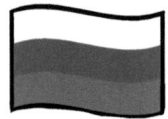

russisk

ruso

portugisisk

portugués

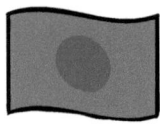

bengalsk

bengalí

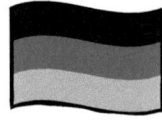

tysk

alemán

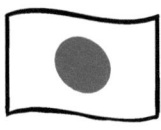

japansk

japonés

jeg

yo

du

tú

han / hun / den / det

él / ella

vi

nosotros

I

vosotros

de

ellos

hvem?

¿quién?

hvad?

¿qué?

hvordan?

¿cómo?

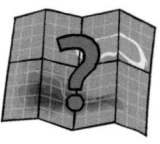

hvor?

¿dónde?

hvornår?

¿cuándo?

navn

nombre

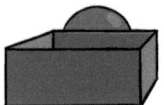

bag

detrás

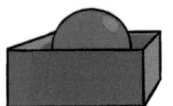

i

en

foran

delante de

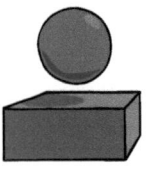

over

encima de

på

sobre

under

debajo de

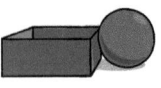

ved siden af

junto a

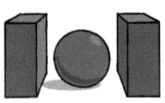

imellem

entre

sted

lugar